AF278703

A

MA MÈRE PATRIE

DE 1830.

PARIS,

...EZ LES MARCHANDS DE NOUVEAUTÉS.

—

1832.

A

MA MÈRE PATRIE

DE 1830.

Il est malheureux pour une mère de famille de se manquer à elle-même ; elle expose ses enfans à lui faire des reproches pénibles à entendre : c'est ce qui arrive aujourd'hui.

Je vous croyais corrigée de vos infidélités : vingt-cinq années de débauche auraient dû vous dégoûter du vice. Tyrannisée par vos amans, avilie par vos bâtards, vos enfans légitimes, assassinée par eux pour devenir les propriétaires de vos biens, voilà où vos premières fautes vous avaient entraînée. Quel exemple cruel pour une femme qui, avant ses erreurs, avait la réputation la plus brillante ! Les premiers potentats de la terre enviaient le sort de son heureux époux. Elle portait l'amour qu'elle avait pour lui jusqu'à l'idolâtrie. Père, mère, enfans se chérissaient tour à tour : leurs cœurs n'étaient pas divisés ; ils pensaient tous de la même manière ; leur légèreté les eût fait chérir de l'univers entier : la pureté de leur conscience faisait leur gaîté.

Oh ! (souvenir doux et cruel tout à la fois), quel mauvais génie s'est emparé des esprits ? qui a pu créer un être exaspéré comme ce vainqueur de l'Amérique ? Il était épris des charmes de la liberté. Sa prétendue est sur terre, dans les îles, dont le climat et les mœurs lui ont semblés préférables aux nôtres. Ne voulant pas paraître abandonné de sa jeune amie, il l'a remplacée par une fausse déesse, et l'a présentée à notre bien aimé père comme la compagne qu'il devait donner à son épouse pour l'aider à faire le bonheur de ses enfans. C'était un appel qu'il voulait faire à son cœur paternel. Il n'hésita pas à accepter : les couleurs de la prétendue divinité ont remplacé celle virginale, qui jusqu'alors n'avait pas été tachée de l'impureté. L'enthou-

(5)

siasme national paraissait général : ceux qui ne le partageaient pas étaient regardés comme traîtres à la patrie ; et traîtres de même....!

Hélas ! leurs pressentimens n'étaient que trop vrais : cette fausse liberté n'était autre chose que la discorde cachée sous de doux traits. Insinuante et perfide, elle s'empara du pouvoir suprême, de notre confiant monarque. Le premier usage qu'elle en ait fait a été de transformer son sceptre en une hache, et de lui en abattre la tête. L'épreuve faite, rien ne lui a plus coûté : le crime était à l'ordre du jour. La furie errait d'un point à l'autre de la France, une torche enflammée d'une main, un poignard ensanglanté de l'autre. Rien ne lui échappait : l'écho répétait de toutes parts : « La liberté ou la mort! » Les honnêtes gens recevaient celle - ci comme un bienfait du ciel qui les délivrait du souffle impur qui infectait la France. Quinze années de paix l'ont purifié. Tous les maux paraissaient être oubliés ; chacun avait abjuré ses erreurs : notre mère paraissait repentante ; l'époux légitime avait eu la générosité de reconnaître les enfans nouveaux-nés, étant

d'usage de ne pas admettre de bâtards en mé-
nage : erreur qui fait le malheur général, puis-
qu'il est prouvé que ce sont eux qui viennent de
renverser l'édifice du bonheur en troublant l'ordre social. Le vieux téméraire a reparu accom-
pagné de sa Proserpine ; ses couleurs flottent
partout : il ne manque que le grand mât cou-
ronné du bonnet de la Discorde pour leur servir de boussole. Pluton est le héros du jour ; il
dit, comme les Suisses : « Pas d'argent, pas de
prosélytes. »

O mes chers frères ! armez-vous de courage.
L'orage gronde : rappelez-vous que vous êtes
Français, vaillans pour défendre votre pays,
mais incapables d'être des assassins : s'il en existe
dans notre patrie, ils sont étrangers : le véri-
table Français n'est que brave. Ne vous laissez
pas intimider par la crainte. La liberté de la
presse existe : profitez - en pour parler à cœur
ouvert et prévenir les hommes crédules du sort
qui les attend. Si vous avez mon énergie, nous
repousserons les armes les plus aiguës avec une
plume bien taillée : on ne pourra pas nous re-

procher d'être des sanguinaires, et Dieu m'en
préserve! Si le moment présent nous ramenait
à des idées romaines, et que la fantaisie reprît
de faire faire le tour du monde à la cocarde, je
préférerais être Chinoise, quitte pour n'avoir pas
l'air aussi martial; du moins je vivrais en paix :
car, Dieu merci, je ne suis ni jésuite, ni jaco-
bine, les deux fléaux du genre humain, les seuls
êtres qui trouvent qu'il y ait trop d'hommes, et
qu'il est utile d'en détruire. Quand ils me disent
cela, je leur conseille de se jeter à l'eau, ou par
la fenêtre s'ils sont trop éloignés de la rivière;
qu'ils seront de moins sur terre : ils me répondent impunément : « Je ne parle pas de moi. »
Les monstres! ce sont eux qui causent le malheur public. S'ils n'étaient pas égoïstes, qu'ils
dépensassent chaque année leurs revenus à faire
travailler les ouvriers, ou en ayant un nombre
de domestiques conforme à leur fortune, au lieu
d'une seule femme remplissant six rôles par jour,
savoir : cuisinier, bonne d'enfans, femme de
chambre, valet de chambre, frotteur et blan-
chisseur; mais non; et voilà quatre personnes

privées d'emploi, et de moins à payer, il est vrai. Le maître et la maîtresse donnent un coup de main en cas de besoin : quand il s'agit de leurs intérêts, ils ne craignent pas de se rappeler leur ancien métier. C'est un enseignement mutuel. Ajoutez à cela que s'ils trouvent à prêter de l'argent sur première hypothèque, ils se contentent de trois du cent par mois : c'est la taxe du taux permis, vous allez me dire par an; c'est vrai; mais l'attachement que l'on porte aux personnes que l'on oblige fait que l'on aime à les voir plus souvent. D'autres, moins confians, établissent à leur compte des maisons de commerce où ils installent des commis qui leur en rendent compte tous les soirs. Ils ont soin de se placer près des boutiques nouvellement ouvertes occupées par des jeunes gens qui n'ont pour tout bien que leur patrimoine, c'est-à-dire leur dot, qu'ils viennent de dépenser en marchandises. Dans la stabilité et la bonne envie de réussir est leur seul espoir. Mon tartufe sait cela : il affiche au rabais; l'on va à sa source; nos pauvres jeunes gens n'y peuvent plus tenir, ils sont ruinés en peu de temps par les frais de boutique. Encore des victimes de l'égoisme ! Joint à ce qu'il accumule sa fortune, il augmente le nombre des mécontens. Non satisfait de cela, il va à la Bourse, répand de faux bruits, effraie le malheureux rentier, achète ses actions à vil prix, empêche l'homme aisé de commander des marchandises pour les exportations, et par ce moyen arrête l'essor du commerce, coupe les bras aux ouvriers, et, par le besoin, les porte à tous les excès.

Voilà leur manége depuis nombre d'années. Sans leur méchanceté, qui aurait pu arrêter la marche du commerce? Les mers n'étaient-elles pas libres? les étrangers aisés n'abondaient-ils pas en France? Ne voyait-on pas les arts encouragés par le gouvernement, nos villes embellies par des édifices ou des canaux construits pour la facilité du commerce? Oui, je le répète, sans eux, et malgré les mécaniques, les bras auraient manqués, grâce à l'influence du commerce. Eux seuls font le malheur de ma patrie et de ses enfans bien nés. Il est d'usage qu'une femme lubrique préfère ses bâtards : c'est ce qui fait que, faible d'elle-même , elle a encore cédé à leurs fausses insinuations en répudiant son époux pour un nouvel amant. Leur but n'est pas rempli. Qu'ils tremblent, les malheureux ! la justice divine peut les atteindre d'un moment à l'autre, et leur faire subir la peine du talion. Ce même peuple qu'ils ont pris plaisir à tourmenter pour accroître son efferverscence peut tourner ses armes contre eux, et les forcer à mettre la tête à la fenêtre pour leur faire jouer la parade qu'ils inventèrent en 93. Il y a un proverbe qui dit : « A qui mal veut mal arrive. » Je ne suis pas seule instruite de vos menées. Vous vous rappelez le succès que vous avez eu à la première révolution, vous croyez que le même succès vous attend : vous vous trompez. L'exemple de vos forfaits peut servir à d'autres qui regrettent de ne pas avoir fait comme vous : il est tant de gens qui n'ont rien à perdre, et qui ne demandent pas mieux que de gagner de l'argent sans peine !

D'autres, pour se venger de la disetté, d'affreuse mémoire, ou MM. les fermiers et les meuniers, regorgaient d'argent et de farine, et n'en donnaient que pour de l'or ou des bijoux. J'ai vu, pour mon compte, une jeune mère, tenant un enfant dans ses bras , se jeter aux pieds d'un fermier pour le supplier de lui vendre de la farine; elle n'avait que des assignats : il la repoussa avec dureté , en lui disant qu'il ne vendait pas sa marchandise pour des chiffons. Elle lui répondit, en pleurant , qu'elle ne possédait que cela , qu'il eût pitié de son enfant qui allait périr ; qu'étant elle-même épuisée, le sang sortait de son sein au lieu de lait. Elle lui en donna la preuve : il resta insensible , rien ne put le fléchir. Dieu permit que je me trouvasse là par hasard, et que j'eusse une montre en or, que j'offris en nantissement jusqu'au lendemain; je m'engageai à payer en argent la farine que l'on allait donner de suite. A la vue de ma montre, la disette disparut : à la place d'une petite mesure de farine que l'on avait refusée, on en offrit un sac, que l'on s'engageait à porter le soir chez la jeune femme. Tout fut bientôt arrangé: Je lui fis donner à manger : on s'en acquitta de bonne grâce; on était payé d'avance. J'en fus quitte pour...., que je portai le lendemain : on me rendit ma montre. Ils eurent l'audace de me demander si je voulais la vendre, qu'ils me donneraient de la farine pour le montant : je leur répondis que je ne la céderais pas pour tout ce qu'ils possédaient, qu'elle m'était devenue trop chère depuis qu'hier elle m'avait procuré le bonheur d'être utile à mon semblable. La femme me dit » « Oh! si nous étions sensibles, nous finirions par ne rien avoir, » chose qui ne leur est pas arrivée : ils sont devenus propriétaires de la ferme qu'ils avaient à loyer, et, comme bien d'autres, exercent leurs mauvais cœurs d'une autre manière. Malheureusement ils se régénèrent dans leurs enfans, et leur transmettent leurs crimes. Honteux de leur première origine, ils les élèvent au-dessus de leur naissance : qu'arrive-t-il? qu'ils méprisent leurs parens, leur trouvent des airs communs, rougissent de se trouver en société avec eux; ils vont jusqu'à les renier quand ils ne sont pas connus. Ils connaissent tous les moyens que leurs pères ont pris pour s'enrichir : les uns dénoncèrent leurs maîtres pour avoir le tiers de

leurs biens ; un autre savait où l'argent du sien
était caché, et s'en empara ; d'autres ont occupé
des places. Enfin , chacun est devenu riche à sa
manière. Ils tremblent toujours d'être reconnus
par des gens qui les ont connus autrefois ; cela
fait que, s'ils s'aperçoivent que leurs enfans les
renient, et qu'ils leur en fassent des reproches ,
ceux-ci leur répondent : « C'était pour empê-
cher que l'on ne vous reconnût. » Race de Caïn !
Quel amour peut-on porter aux étrangers quand
on méconnaît ceux à qui l'on doit le jour? Mauvais citoyens, ambitieux et vindicatifs comme
leurs pères , ils voudraient occuper des places
qu'ils croient mériter par leurs lumières, et, par
ce moyen, ont évité ceux qui pourraient leur
faire des reproches sur le passé. Le plan est tracé :
la république est le seul moyen de réussir. Comme
je vous l'ai déjà dit, malheur à vous si cela arrive : vous aurez préparé des verges pour vous
faire fouetter. Dieu veille sur nous : s'il a laissé
vos forfaits impunis, sa tardive vengeance peut
éclater, et mettre un terme à vos projets sanguinaires ; s'il nous abandonnait, adieu à ma belle

patrie ; c'est le signal de sa perte : gloire, honneur, industrie, tout sera anéanti ; les insignes royaux, qui sont dans toute la France, seront renversés et remplacés par des échafauds ; la faux de la république moissonnera les têtes : nous y passerons tous à la ronde ; la guerre civile finira le tableau.

Législateurs, c'est à vous que j'en adresse l'esquisse ; ne souffrez pas qu'il ait son exécution. Les Français vous ont choisis pour les représenter ; ne trompez pas leur confiance, défendez leurs droits au péril de votre vie : vos armes sont votre éloquence ; soutenez-la, ne vous laissez pas vaincre. Rappelez-vous que celui qui maintient les lois de son pays, en les faisant respecter, a droit à l'immortalité. Vous devez vous rappeler comme moi de nos premiers malheurs. Si les honnêtes députés qui étaient à l'Assemblée Nationale ne se fussent pas laissés intimider, qu'ils eussent parlé franchement comme ils pensaient, ils auraient évité notre perte et la leur. Ce qui fait la force, c'est l'union. Voilà ce qui m'étonne : les intrigans savent mieux s'entendre ; ils commencent par s'arroger tous les droits, crient plus fort que les autres, injurient, menacent avec arrogance, finissent par avoir seuls la parole, et écrasent celui qui aurait la volonté de faire le bien, quand ce devrait être lui qui triomphât par la fermeté de ses principes. Fort de sa conscience, doit-on fléchir? J'en appelle à vos cœurs, si vous étiez sur un champ de bataille, reculeriez-vous à l'aspect de l'ennemi? Pourquoi ne pas avoir la même fermeté dans un sénat, où le repos de la France vous est confié? Armez-vous de courage, il en est temps encore ; ne balancez pas dans vos décisions : ralliez-vous, unissez vos forces morales, et d'un commun accord, maintenez nos droits, en évitant le mal. Ne vous faites pas juger comme ces hommes à la mode, dont le cœur est remplacé par une machine qui se meut par le moyen d'un ressort en or : le ressort casse, adieu la mécanique. Les individus de nouvelle fabrique, sont comme on en trouve dans toutes les classes de la société ; enfantés par l'égoïsme.

Je remercie mes chers parens de ma construction : dans le plaisir qu'ils ont pris à me faire, il faut croire que leur aplomb était juste, car mon cœur n'est jamais sorti de son orbite ; il a toujours battu dans la même direction, chose rare à trouver dans le siècle où nous sommes ; c'est ce qui me fait croire que c'est un don du ciel, et ce qui fait que j'en rends grâces à Dieu, en le priant que cela devienne général : au moins nous serions tous d'accord, nos vœux tenderaient au bonheur de notre pays ; nous pourrions dire tous ensemble :

A tous les cœurs bien nés que la patrie est chère !

Oh ! oui, elle m'est chère. Avec quel ravissement j'admire ses produits, son industrie, aux expositions ! Je me suis dit, les larmes aux yeux : Comment peut-on vanter les marchandises étrangères, quand on possède tous les arts ? Est-il possible de ne pas être fier d'être Français ? Quant à moi, je le serai toujours, telle chose qui arrive : mes sentimens sont invariables. Ici je me suis permis de parler trop franchement à ma mère ; je lui en demande excuse : c'est l'amour que j'ai pour elle qui me fait craindre qu'elle ne coure encore à sa perte, et que le mal soit sans ressource. On a quelquefois vu un remède de bonne femme sauver la vie à un moribond : c'est ce qui m'a encouragé à donner mon avis ; étant bien persuadée que si ça ne fait pas de bien, ça ne peut pas faire de mal.

C'est ce qui fait que je me propose de continuer dans un second numéro.

Je prie mes chers lecteurs d'avoir de l'indulgence pour mon premier né : c'est le cœur seul qui a parlé.

F. D. P. D. C. D.

IMPRIMERIE DE POUSSER.

www.ingramcontent.com/pod-product-compliance
Lightning Source LLC
Chambersburg PA
CBHW071646030726
47598CB00005B/2027